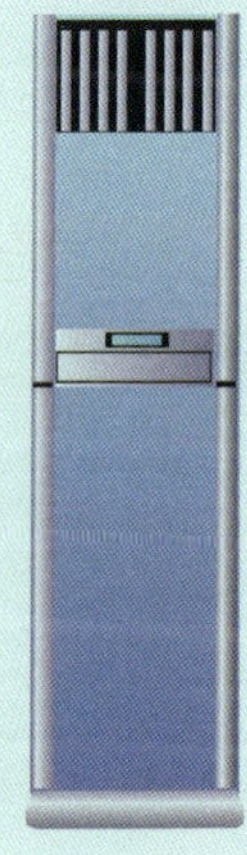

2015年度

空调行业用户满意度调查分析蓝皮书

中国质量协会 / 编著
王文佳　李高帅　王红 / 主审
www.caq.org.cn

中国质检出版社
中国标准出版社

北　京

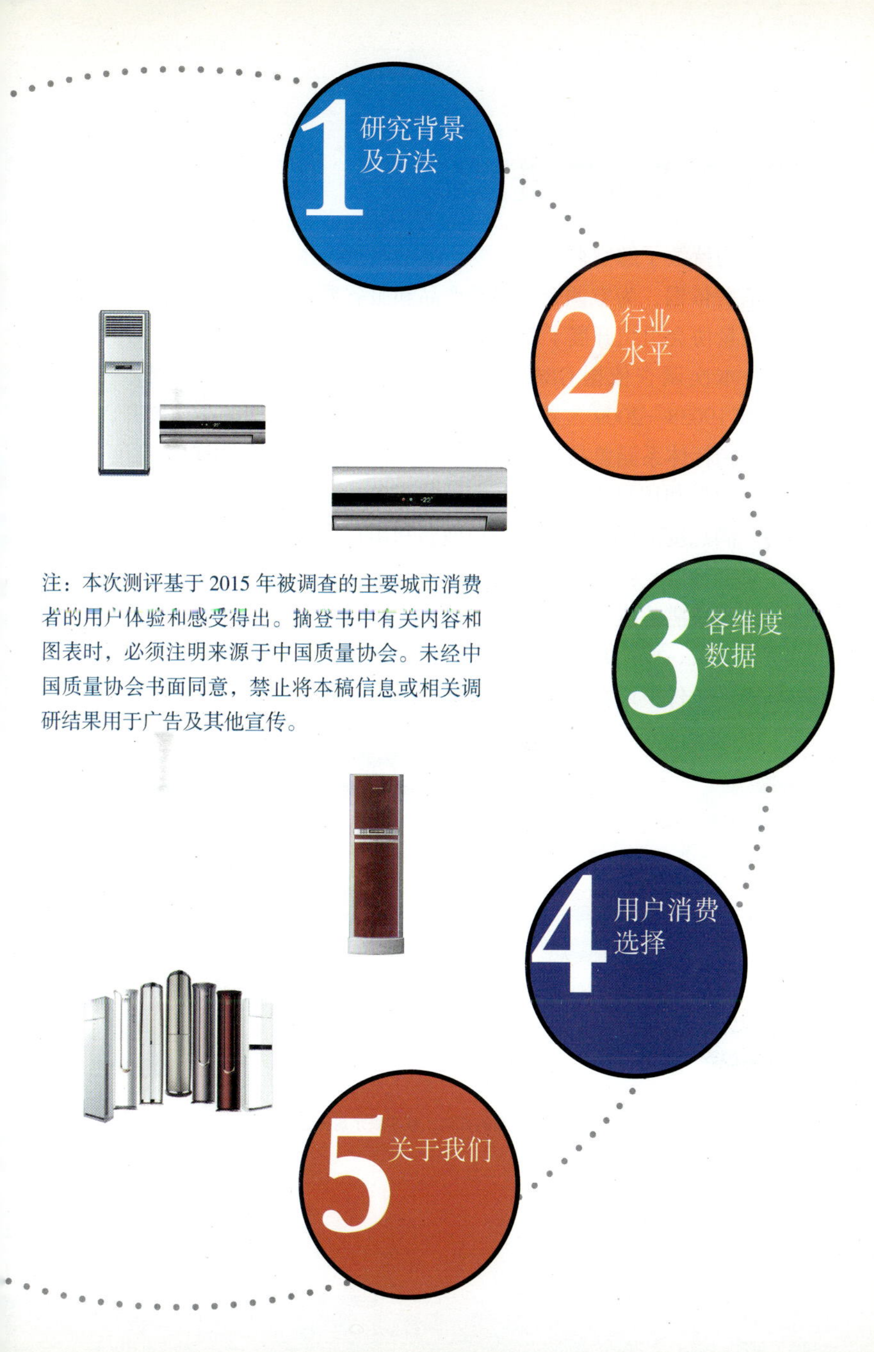
1 研究背景及方法
2 行业水平
3 各维度数据
4 用户消费选择
5 关于我们
注：本次测评基于 2015 年被调查的主要城市消费者的用户体验和感受得出。摘登书中有关内容和图表时，必须注明来源于中国质量协会。未经中国质量协会书面同意，禁止将本稿信息或相关调研结果用于广告及其他宣传。

调研背景及维度简介

为持续了解空调行业主要产品的满意度水平，给广大用户提供消费依据，为空调企业提升产品和服务质量提供参考信息，中国质量协会组织开展了2015年空调产品的用户满意度测评。

本次调查依据GB/T 19039—2009《顾客满意测评通则》和GB/T 19038—2009《顾客满意测评模型和方法指南》全面展开，调查指标体系涵盖品牌形象、感知质量、感知价值、用户满意度、用户抱怨和用户忠诚度，其中品牌形象、感知质量和感知价值是用户满意度的原因变量，用户抱怨和用户忠诚度是用户满意度的结果变量。

用户满意度调查，将产品质量、服务质量、价格等因素作为考察对象，由用户实际体验与自己的期望相比较做出评判，是市场经济条件下最真实、有效的质量评价方法。

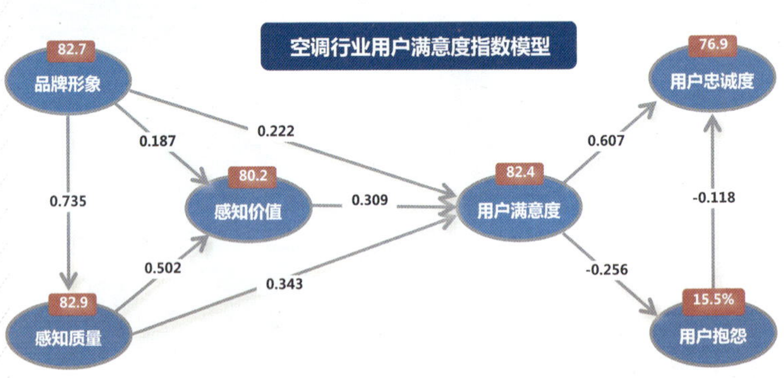

注：箭头表示影响的方向，数字表示影响的强弱。

调研方法、区域及品牌

调查采用随机拨号的电话调查和网络调查方式，针对购买时间在 2014 年 1 月 1 日至 2015 年 6 月 30 日的相应空调品牌的用户，在华北、东北、华东、华中、华南、西南和西北七大市场区域的北京、上海、广东等 14 个省市展开调查。

测评对象为 2014—2015 年市场占有率较高的品牌，所选品牌市场占有率达到 90%，具有较强的代表性，其中国产品牌格力、美的、海尔、海信的市场占有率总计超过 70%。本次所选主要品牌如下：

国产品牌

GREE 格力 Haier Hisense

美的 Midea

Galanz 格兰仕

AUX 奥克斯

KELON 科龙

日系品牌

Panasonic 松下电器

2015 年空调行业测评结果

品牌形象，即用户在购买该产品或服务前对其形象的感知。

空调行业整体品牌形象指数为 **82.7** 分。

品牌形象排名靠前的品牌：格力、大金和海信。

提升品牌形象对用户满意度和销量具有较大的促进作用。

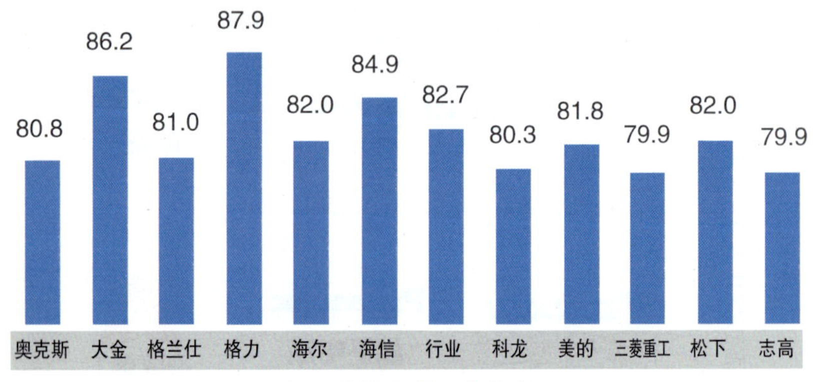

各品牌的品牌形象指数

用户满意度，即用户对该产品或服务的总体感受程度。

行业整体用户满意度指数为 **82.4** 分。

用户满意度排名靠前的品牌：格力、大金、海尔、海信和松下。

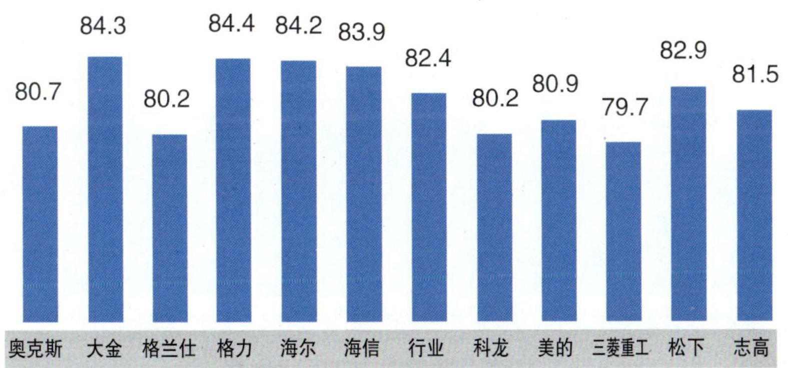

各品牌的用户满意度指数

2015 年空调行业测评结果

用户忠诚度，即用户继续选购或推荐他人购买该产品或服务的可能性。

空调行业的用户忠诚度指数为 **76.9** 分。

用户忠诚度排名靠前的品牌：格力、大金、海尔、松下、海信和格兰仕。

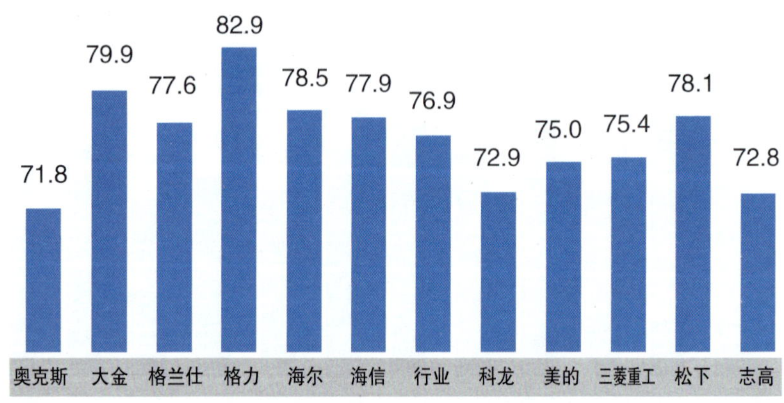

各品牌的用户忠诚度指数

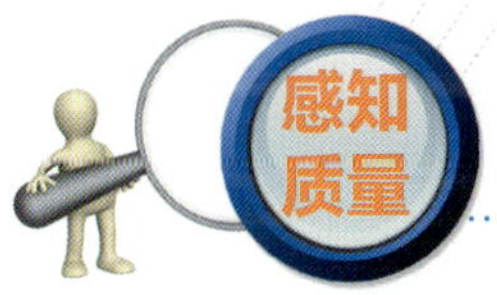

感知质量，即用户购买和使用该产品或服务后对其质量的评价。

空调行业感知质量指数为 **82.9** 分。

感知质量排名靠前的品牌：格力、海信、大金和松下。

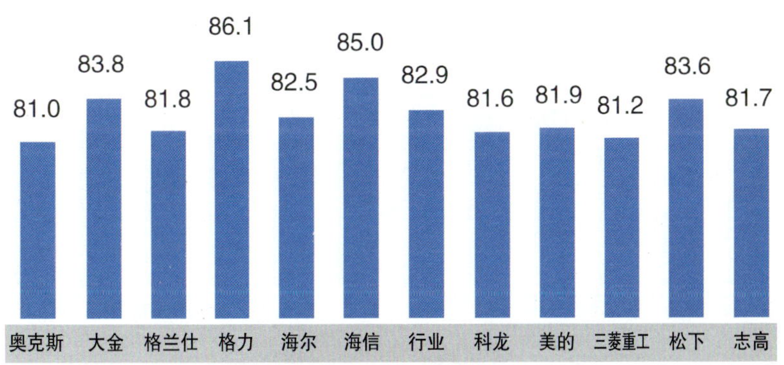

各品牌的感知质量指数

2015 年空调行业测评结果

感知价值，即用户通过购买和使用该产品或服务对其提供价值的感受。

空调行业感知价值指数为 **80.2** 分。

感知价值排名靠前的品牌：海信、格力、海尔和松下。

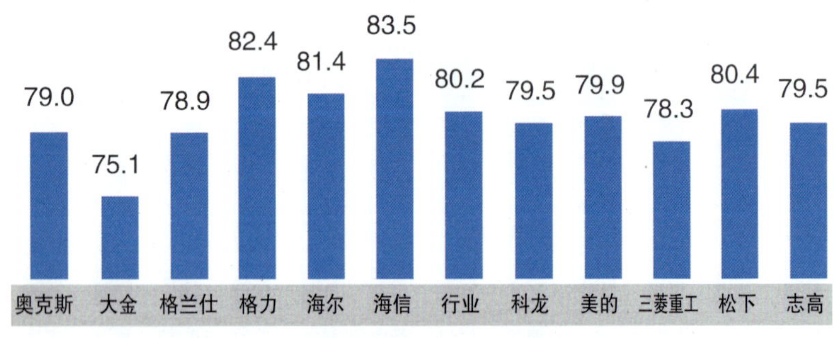

各品牌的感知价值指数

用户满意度 V.S. 用户忠诚度

格力、大金、海尔三个品牌的用户满意度和用户忠诚度分别排在前三甲。

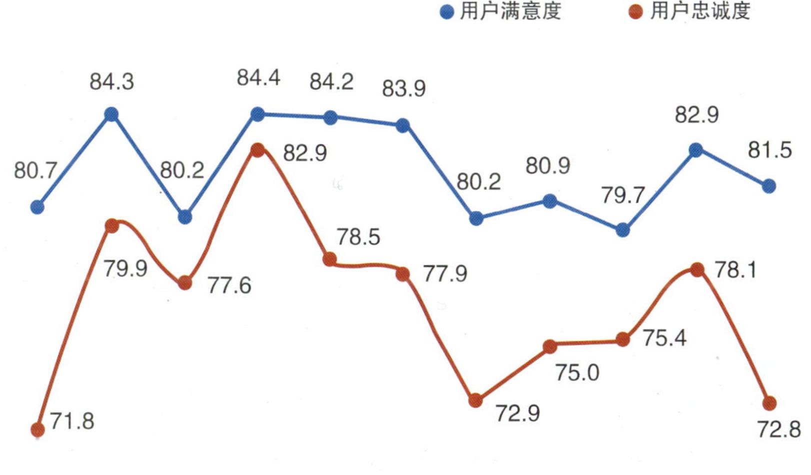

关键产品质量特性测评结果

注：质量特性指标得分为 10 分制，分数越高，说明用户越满意。

制冷制热效果

制冷制热效果评价中，行业得分为 **8.50** 分，格力、海尔、大金和海信排名靠前。

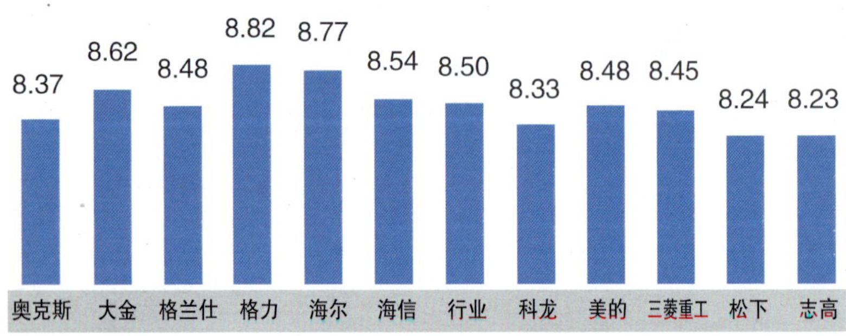

各品牌的制冷制热效果指数

噪音满意度

噪音的行业满意度得分为 **8.17** 分，格力、美的、海信、海尔和大金排名靠前。

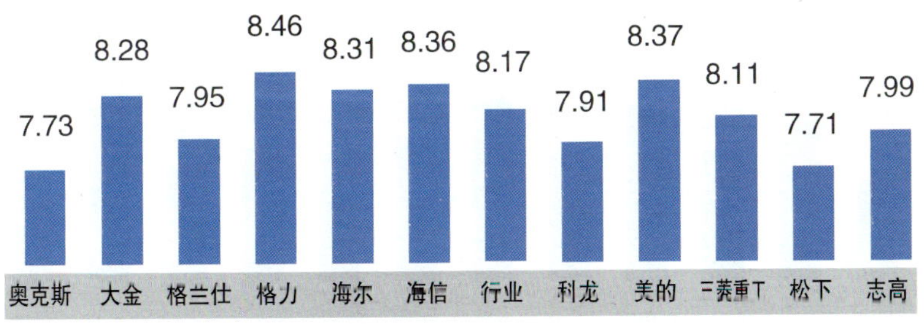

各品牌的噪音满意度指数

关键产品质量特性测评结果

注：质量特性指标得分为10分制，分数越高，说明用户越满意。

节电性能

节电性能行业得分为**8.07**分，海信、松下、格力和大金排名靠前。

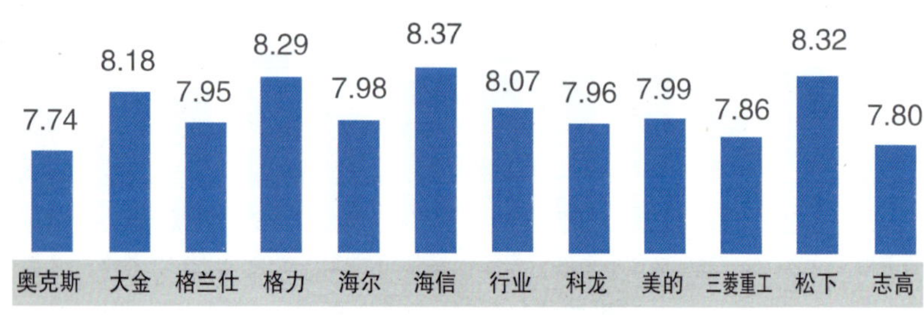

各品牌的节电性能指数

智能管理 / 控制功能

智能管理 / 控制功能行业得分为 **8.38** 分，大金、海信、格力和海尔排名靠前。

在智能化迅猛发展的时代，智能化功能的不断加强将能更好地满足用户需求。

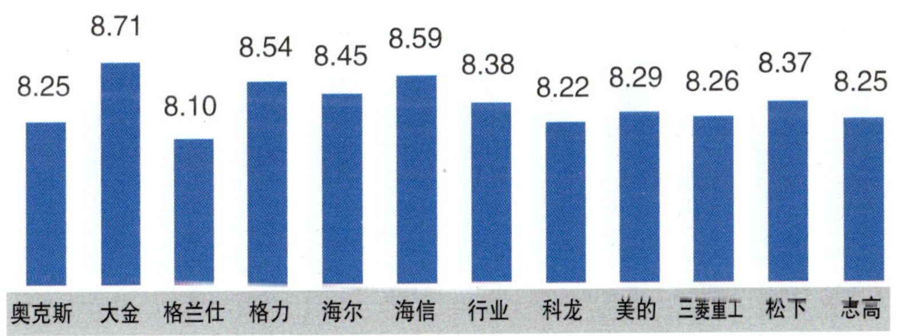

各品牌的智能管理 / 控制功能指数

关键服务质量特性测评结果

提升售后服务的质量水平及规范程度是后市场服务的有力保障。

上门维修及时性

上门维修及时性行业得分为 **7.45** 分，海信、格力、奥克斯、科龙和松下排名靠前。

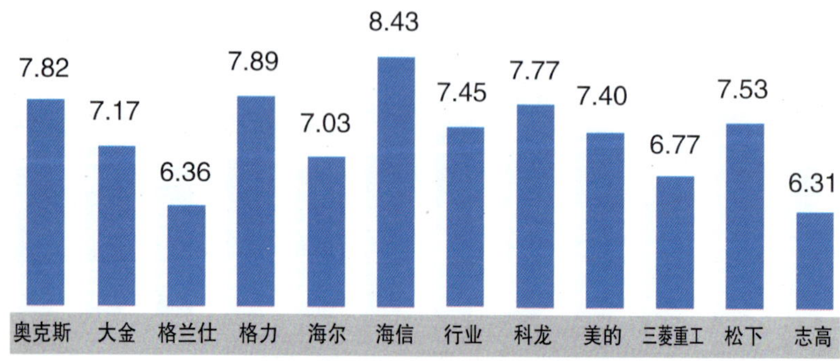

各品牌的上门维修及时性指数

维修收费合理性

维修收费合理性行业得分为 **7.60** 分，格力、科龙、海信、海尔和志高排名靠前。

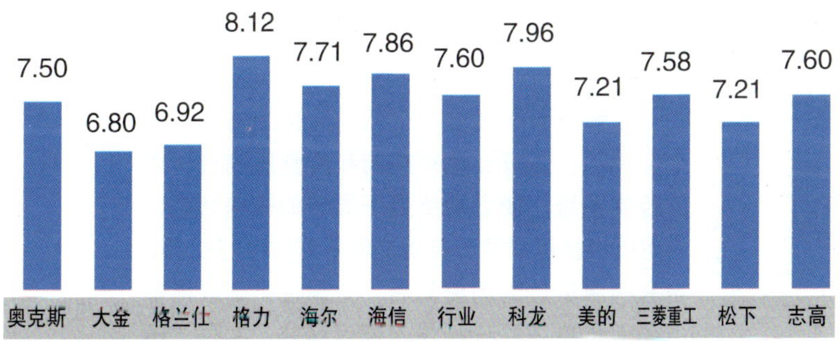

各品牌的维修收费合理性指数

用户购买空调选择

定频空调简介

定频空调的功能是对该房间（或封闭空间、区域）内空气的温度、湿度、洁净度和空气流速等参数进行调节，以满足人体舒适或工艺过程的要求。由于国家入户供电频率不能改变，传统定频空调的压缩机转速基本不变，依靠不断地“开、停”压缩机来调整室内温度，其一开一关之间容易造成室温忽冷忽热，并消耗较多电能。

变频空调简介

变频空调是在常规空调的结构上增加了一个变频器，变频器用来控制和调整压缩机转速的控制系统，使之始终处于最佳的转速状态，它可以根据房间情况自动提供所需的冷（热）量；当室内温度达到期望值后，空调主机则以能够准确保持这一温度的恒定速度运转，实现“不停机运转”，从而保证环境温度的稳定，提高能效比（比常规的空调节能 20%~30%）。

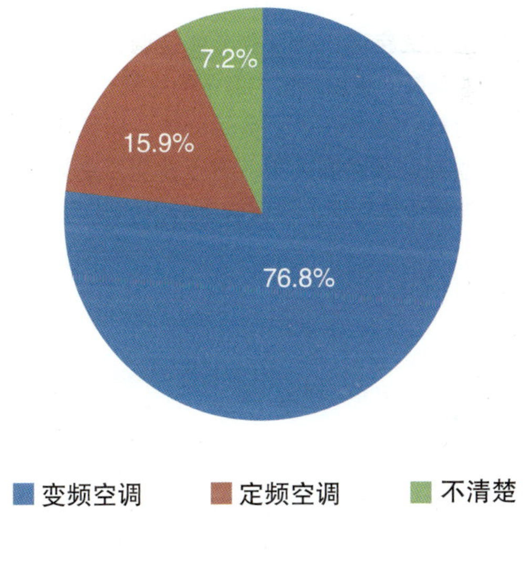

■ 变频空调　■ 定频空调　■ 不清楚

空调定变频类型

76.8%的用户购买的是变频空调，变频空调已成为目前空调市场的主流产品。

用户购买空调选择

壁挂式空调简介

壁挂式空调：通常称分体空调、不受安装位置的限制，更易与室内装饰的搭配。

功能：噪音较少，有的分体空调具有多重净化功能，可对室内空气进行净化，更具有换气功能的分体空调，以保健康。

立柜式空调简介

立柜式空调要调节大范围空间的气温，比如大客厅或商业场所，立柜式空调最合适。在选择时应注意是否有负离子发送功能，因为这能清新空气，保证健康。另外，送风范围是否够远够广也很重要。目前立柜式空调送风的最远距离可达 15m，再加上广角送风，可兼顾更大的面积。

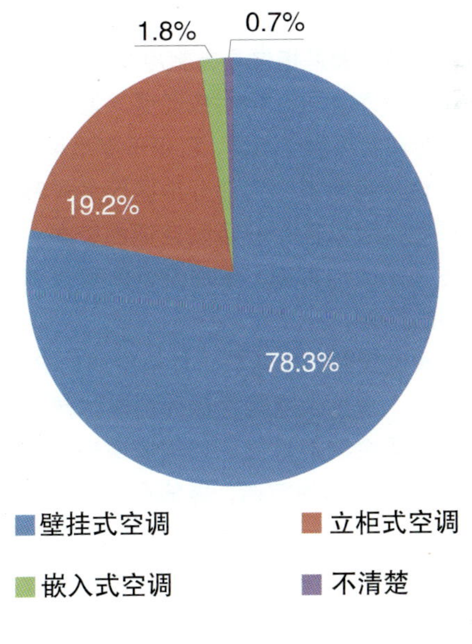

空调类型

78.3%的用户购买的是壁挂式空调，壁挂式空调是用户比较倾向购买的产品类型。

用户购买空调选择

空调冷暖类型简介

单冷型空调是指仅具有制冷功能的空调器，一般用于夏季。与之相对应的是冷暖型空调，能够制冷和制热的空调器，可用于夏季和冬季。一般来说，我国南方大部分地区因冬季寒冷又没有采暖，所以选用冷暖型空调的较多；而对于有冬季采暖的家庭，单冷空调就可以满足日常使用的需要。

冷暖电辅型：电辅热，是指空调的 PTC 电辅热技术。理论上就是用额外的电加热增加制热量，效果会明显增强。依据此原理，采用了 PTC 电辅热技术的空调，能够自动根据房间温度的变化以及室内机风量的大小而改变发热量，从而恰到好处地调节室内温度，达到迅速、强劲制热的目的。一般来说，天气寒冷严重影响空调制冷制热功能的正常发挥，而带有电辅热功能的空调，由于电辅热对空调发热量的调节、辅助作用，则很好地克服了这一缺点，十分适合严寒地区使用。

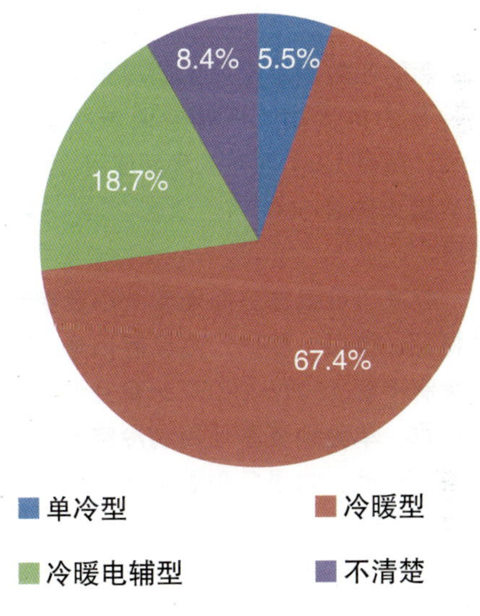

空调冷暖类型

67.4%的用户购买的是冷暖型空调，其次是冷暖电辅型，仅5.5%的用户选择单冷型空调，冷暖型空调受到用户的青睐成为市场主流产品。

空调匹数简介

空调的匹数表示空调的制冷量大小，也就是制冷能力的大小。一匹空调制冷量大约是2500W，适合 $12m^2$ 左右的房间使用，两匹的空调制冷量大约是 5000W，适合 $25m^2$ 左右的房间使用。

一般家用可根据房间面积大小及密封保温条件好坏、楼层、朝向、高度等因素，按每平方米配制冷量 150W~220W 计算空调的制冷量大小即可。单纯地夏季使用制冷空调，制冷量可适当小一些，如果冬季需要空调制热取暖，制冷量应适当大一些为宜。

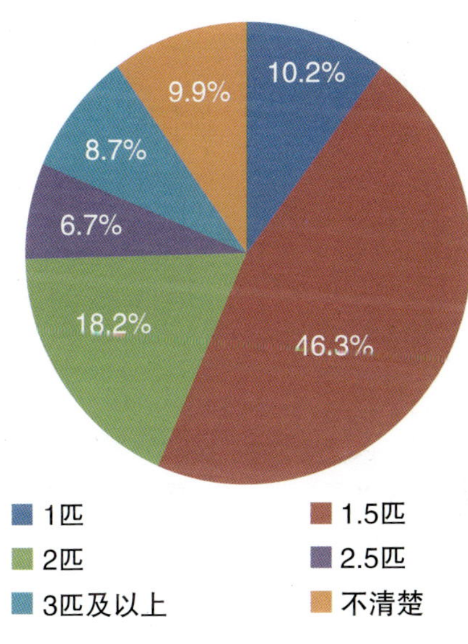

空调匹数

46.3%的用户购买的是1.5匹空调，其次是2匹。

用户购买空调选择

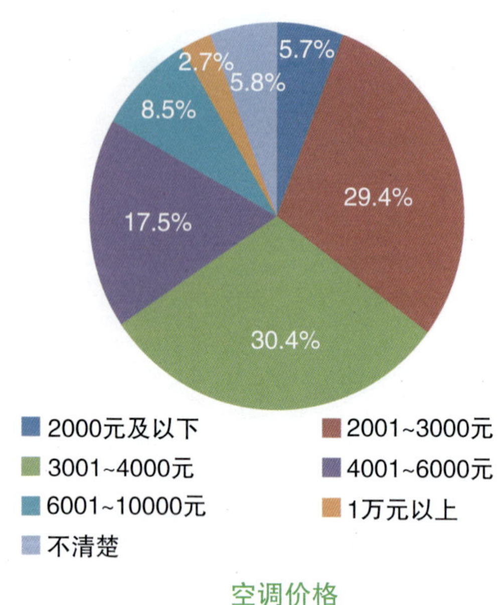

空调价格

77.3%的用户购买的是2001~6000元价格区间的空调。

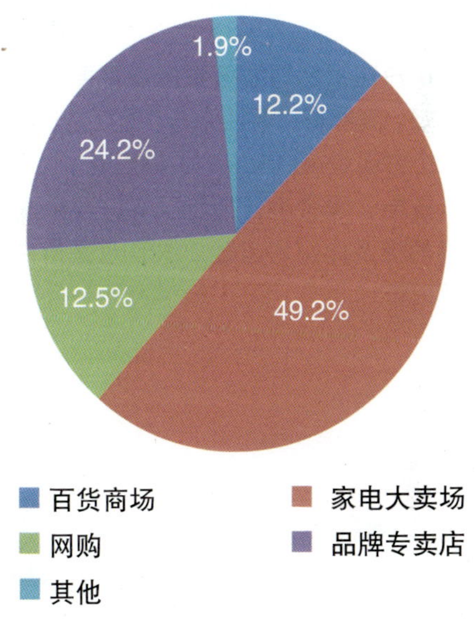

■ 百货商场 ■ 家电大卖场
■ 网购 ■ 品牌专卖店
■ 其他

购买渠道

49.2%的用户在家电大卖场购买空调，**24.2%**的用户在品牌专卖店购买，线下仍然是空调销售的主要渠道。

用户购买时的考虑因素

考虑的因素

用户购买空调时考虑的最重要因素是品牌信誉好，其次是空调性能好，然后是价格便宜，这三个方面是用户考虑的关键因素。

省电、噪音小、售后服务好和亲戚朋友的推荐的提及比例均超过 20%，也是用户考虑的重要因素。

品牌信誉好 55.3%
空调性能好 48.9%
价格便宜 28.8%
省电 26.3%
噪音小 24.8%
售后服务好 24.8%
亲戚朋友的推荐 20.9%
外观时尚 17.3%
销售人员的推荐 14.4%
广告吸引 13.1%
促销 10.7%
空调附加功能（如空气净化、制氧、加湿等） 9.5%
其他 5.3%

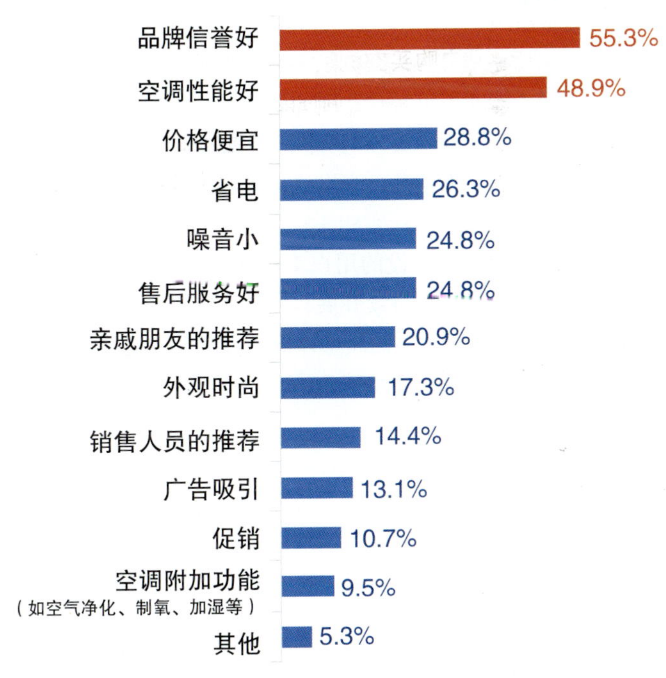

用户购买时的考虑因素

关于中国质量协会

中国质量协会，简称“中国质协”，英文缩写 CAQ，1979 年 8 月 31 日成立，注册机关为国家民政部，业务主管部门为国务院国资委，是国务院国资委领导下和国家质检总局指导下的全国性质量组织。

中国质协成立 30 多年来，卓有成效地开展了大量工作，树立了“因为专业不可替代，因为规范值得信赖”的中国质协的品牌形象，受到了党中央、国务院、广大企业和社会各界的好评。江泽民、李鹏、朱镕基、李岚清、吴邦国等同志曾为中国质协题词和发来贺信。

中国质量协会下设的用户工作部自 1986 年就开始开展行业性满意度测评且每年持续开展，专业从事用户满意度理论研究和以用户满意度测评为主的质量评价、咨询及市场调查服务。

地址：北京市海淀区三虎桥百胜村路 6 号 中国质量大厦
邮编：100048
电话：010-68416517
传真：010-68416603
邮箱：wwj@caq.org.cn
官方网站：www.caq.org.cn

图书在版编目（CIP）数据

2015 年度空调行业用户满意度调查分析蓝皮书 / 中国质量协会编著 .
—北京 : 中国标准出版社 , 2016.5
ISBN 978-7-5066-8249-7

Ⅰ . ① 2… Ⅱ . ①中… Ⅲ . ①空调—家电工业—服务质量—研究—中国— 2015 Ⅳ . ① F426.44

中国版本图书馆 CIP 数据核字（2016）第 083628 号

中国质检出版社
中国标准出版社 出版发行
北京市朝阳区和平里西街甲 2 号（100029）
北京市西城区三里河北街 16 号（100045）
网址： www.spc.net.cn
总编室：（010）68533533 发行中心：（010）51780238
读者服务部：（010）68523946
中国标准出版社秦皇岛印刷厂印刷
各地新华书店经销

*

开本 787 x 1092 1/32 印张 1 字数 27 千字
2016 年 5 月第一版 2016 年 5 月第一次印刷

*

定价 6.00 元

环保公益性行业科研专项经费项目系列丛书

黑碳，你了解吗？

王燕军　吉　喆　著

中国环境出版社・北京

《环保公益性行业科研专项经费项目系列丛书》

编委会